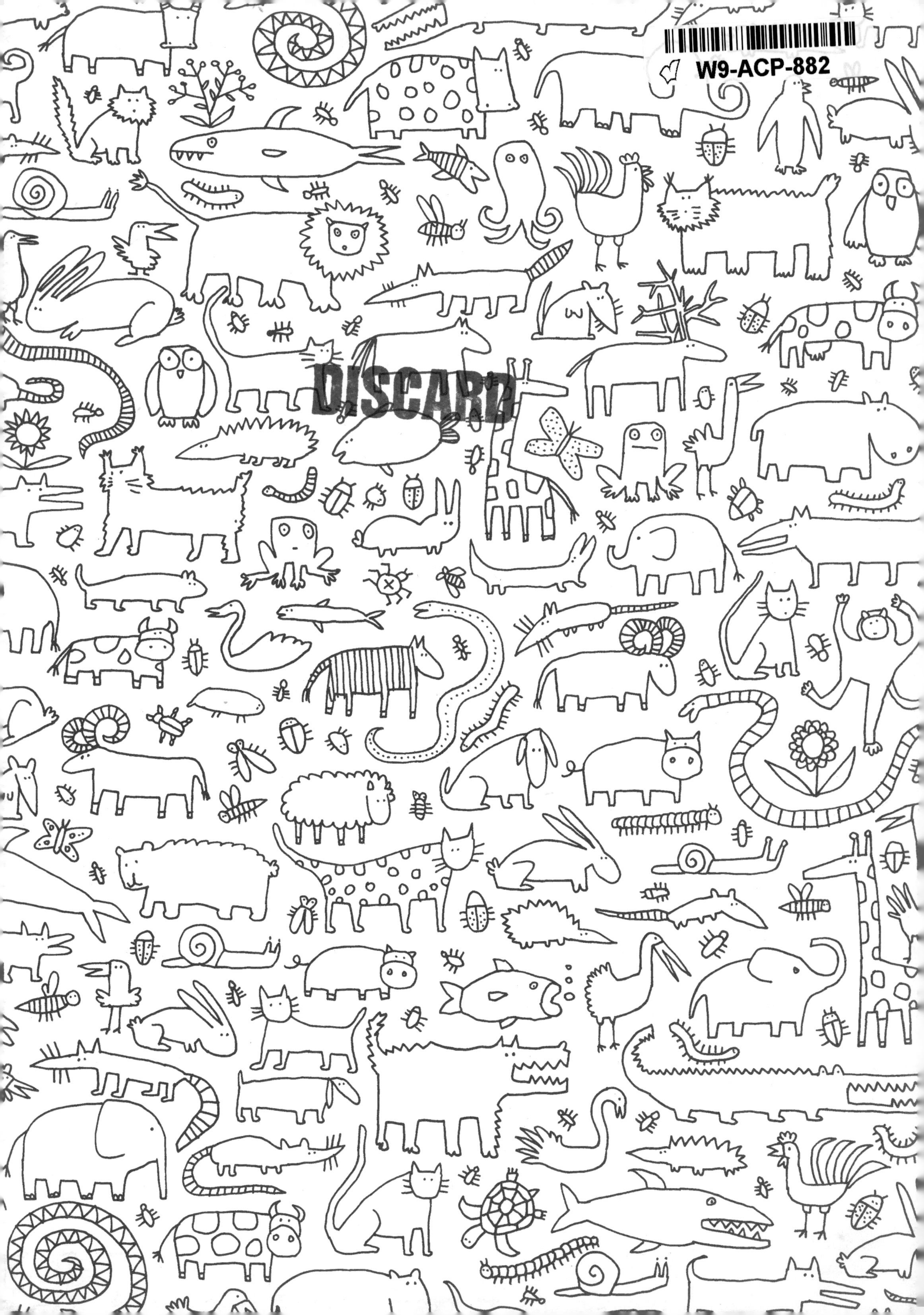

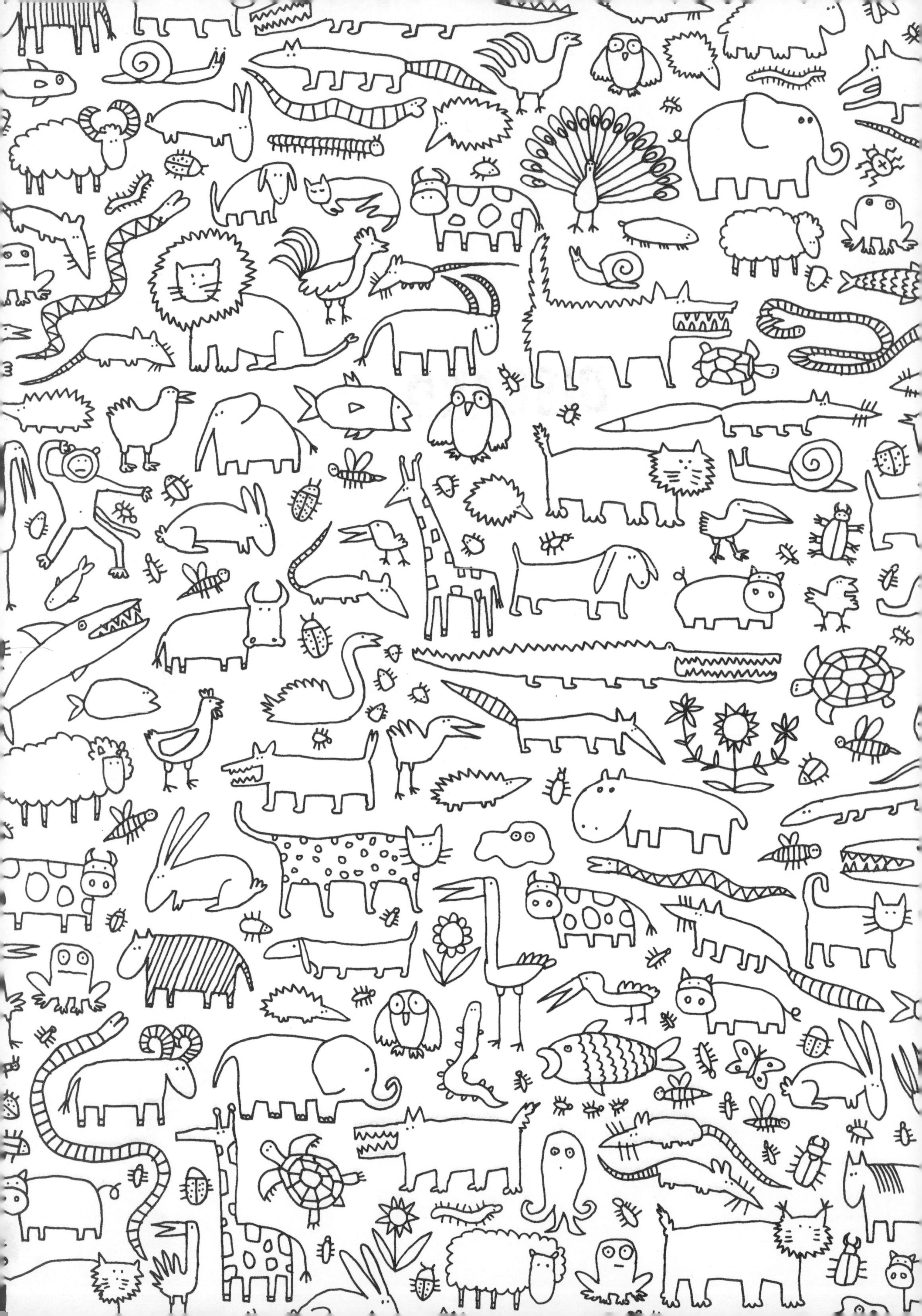

¿QUIÉN COME A QUIÉN?

ALEKSANDRA MIZIELIŃSKA ✳ DANIEL MIZIELIŃSKI

LIBROS DEL  ZORRO ROJO

NACIÓ UNA FLOR.

LOS PULGONES SE COMIERON LA FLOR.

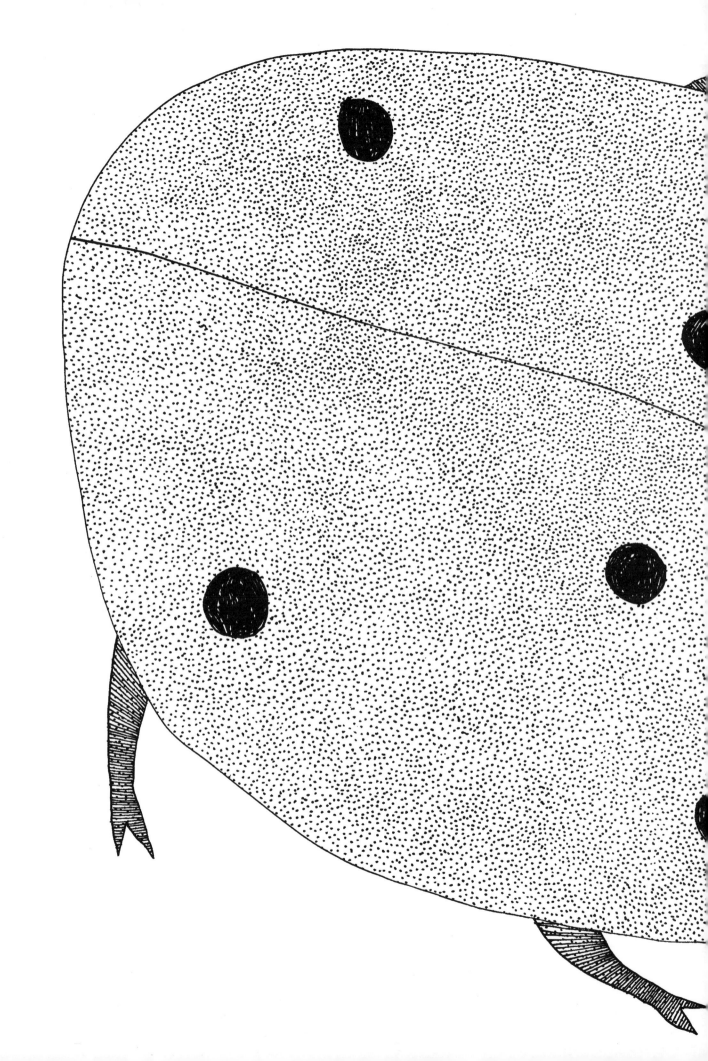

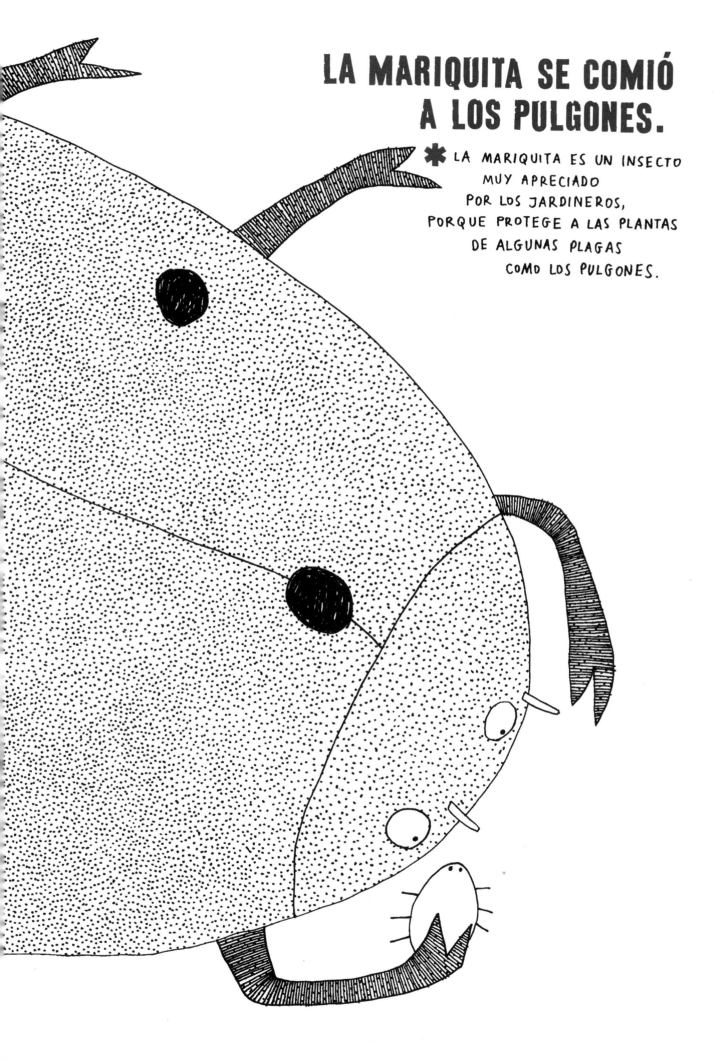

LA MARIQUITA SE COMIÓ A LOS PULGONES.

* LA MARIQUITA ES UN INSECTO MUY APRECIADO POR LOS JARDINEROS, PORQUE PROTEGE A LAS PLANTAS DE ALGUNAS PLAGAS COMO LOS PULGONES.

LA LAVANDERA BLANCA
SE COMIÓ A LA MARIQUITA.

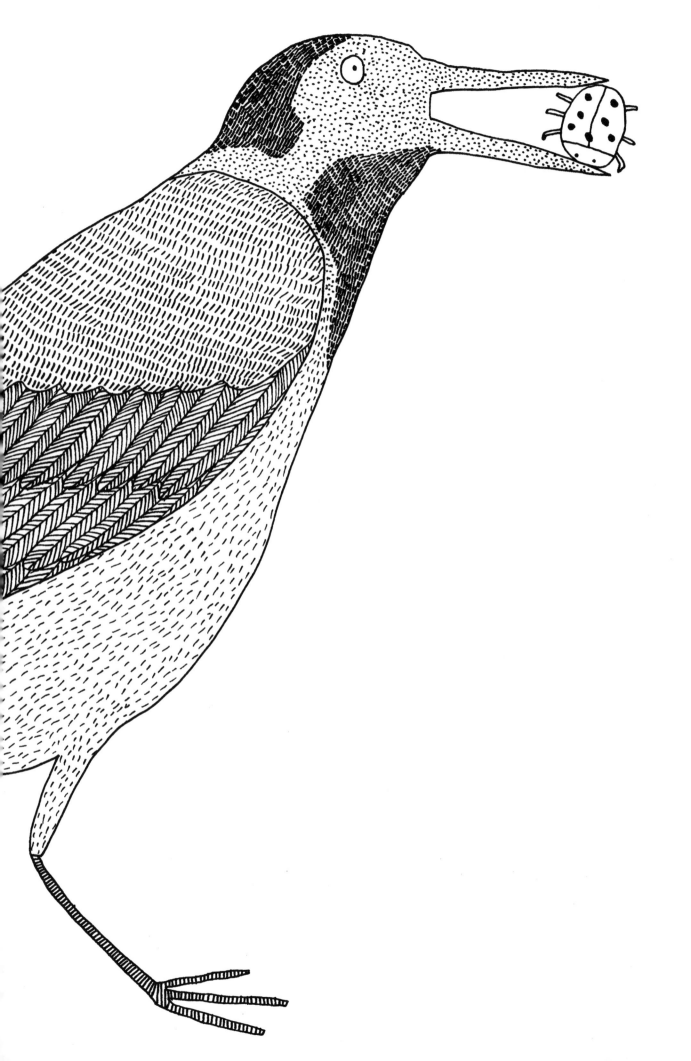

EL ZORRO SE COMIÓ
A LA LAVANDERA BLANCA.

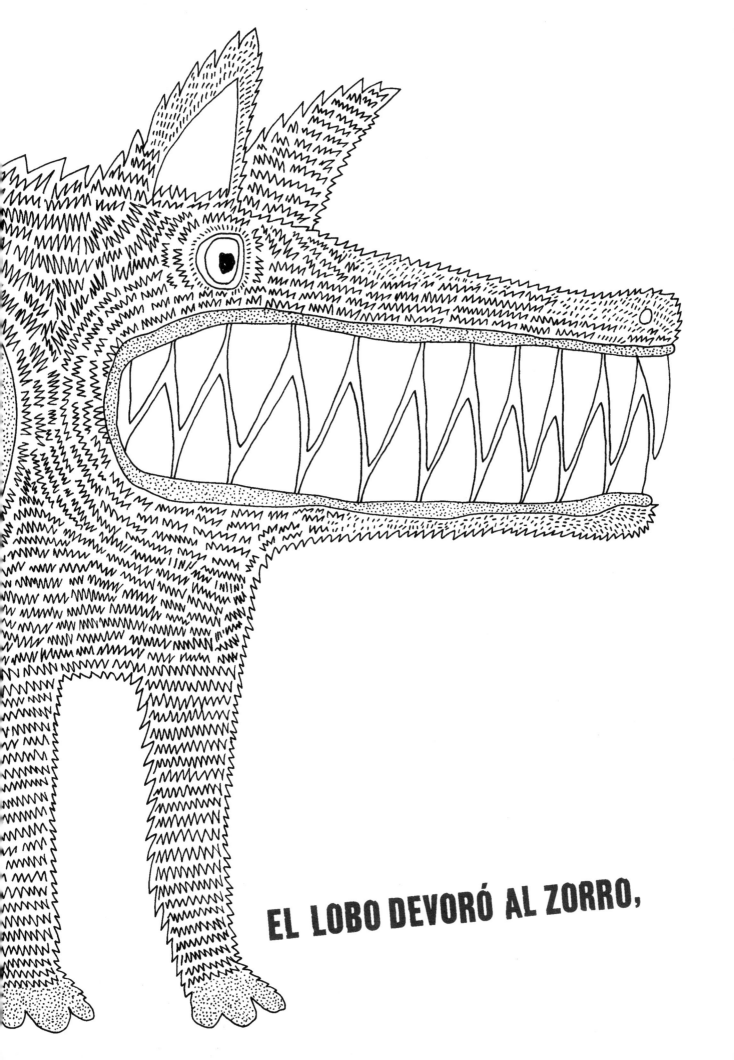

EL LOBO DEVORÓ AL ZORRO,

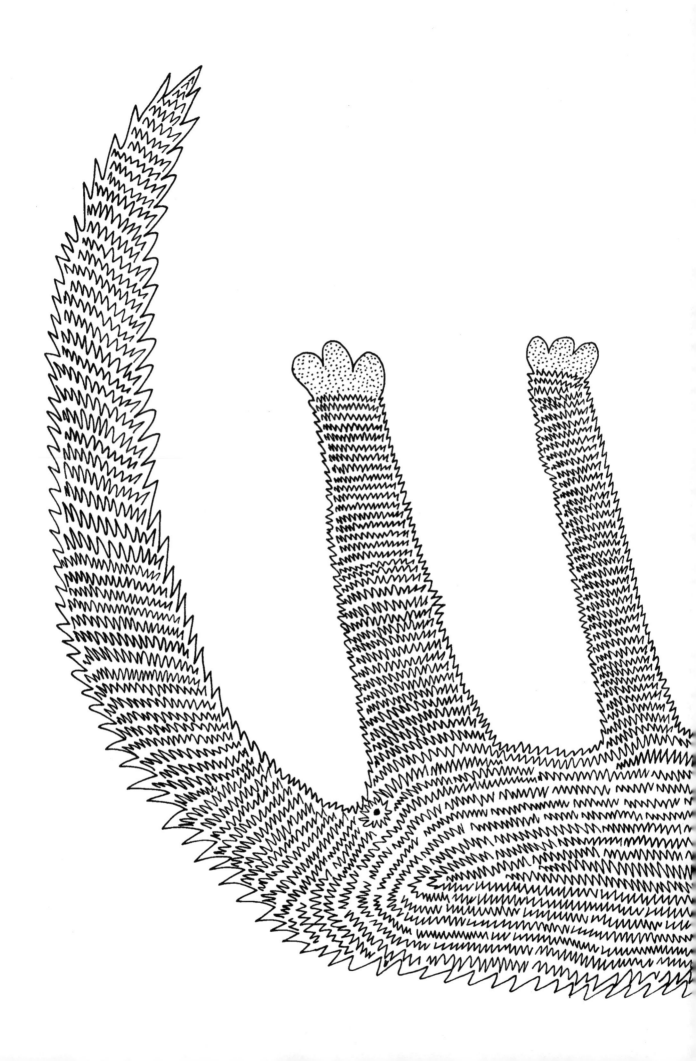

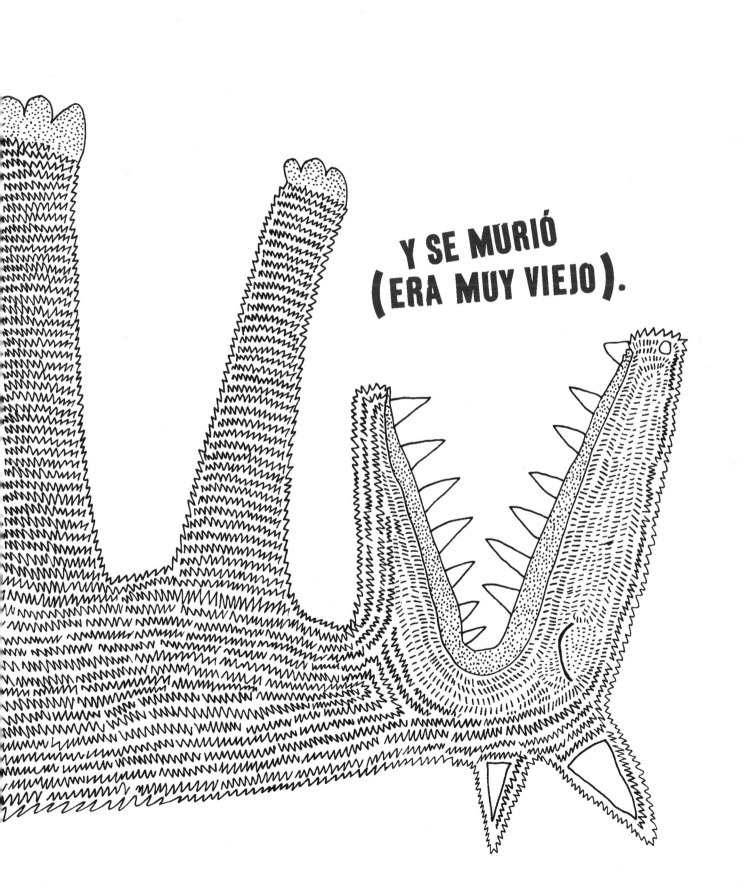

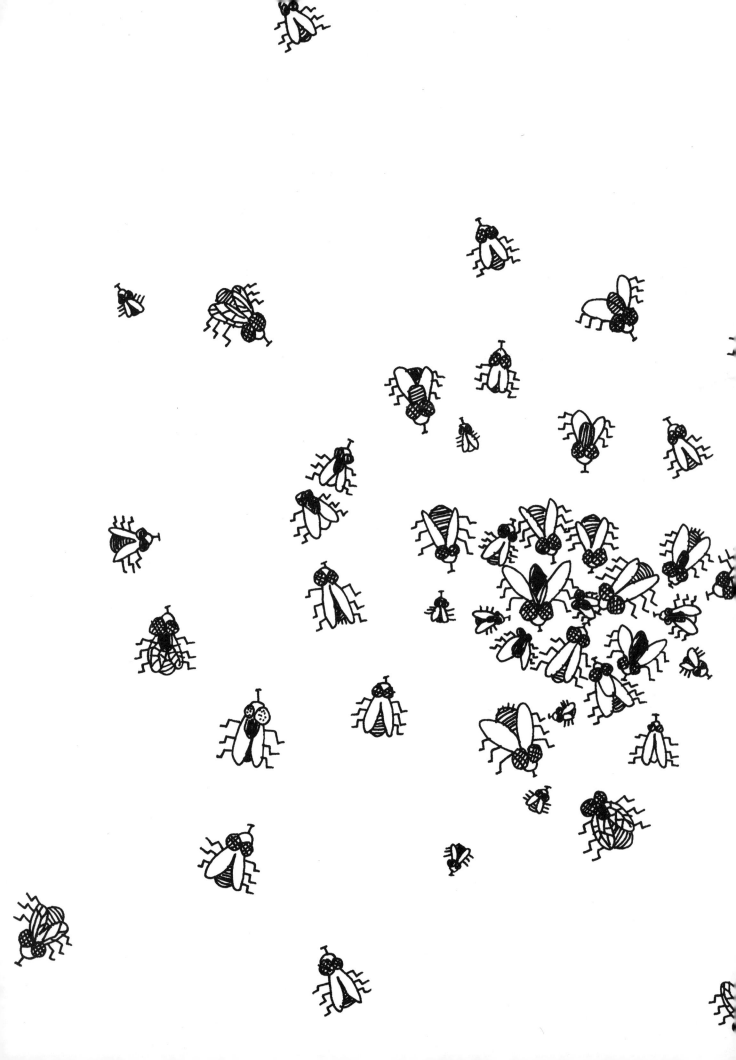

DEL LOBO NACIERON
LAS MOSCAS.

✳ ALGUNAS VARIEDADES DE MOSCAS
SE ALIMENTAN DE CARROÑA
Y PONEN SUS HUEVOS EN LA CARNE
EN DESCOMPOSICIÓN.

LA RANA SE COMIÓ UNA MOSCA,

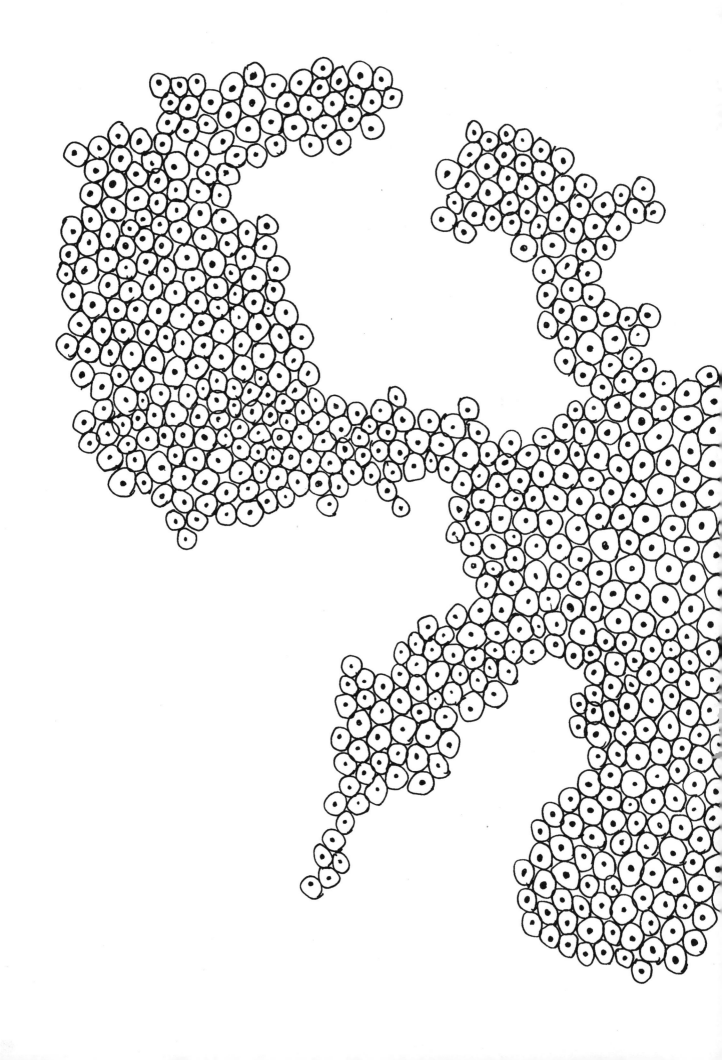

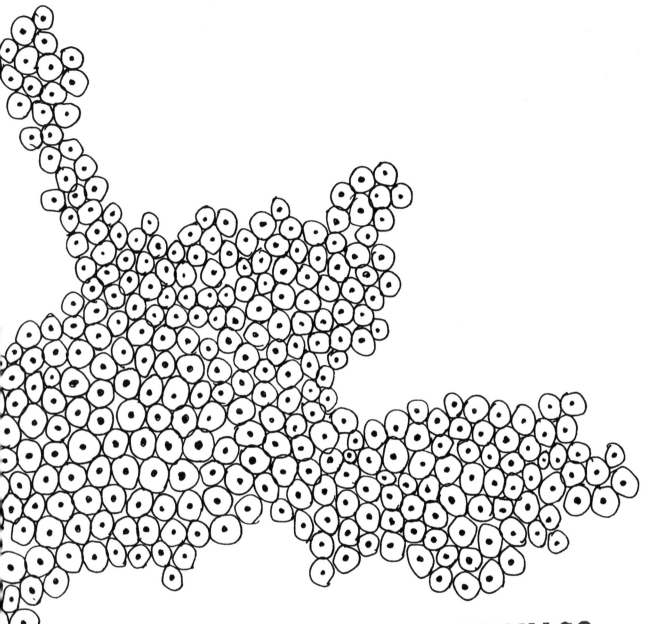

Y DESPUÉS PUSO SUS HUEVECILLOS.

* LAS RANAS SON ANFIBIOS
QUE DEPOSITAN UNA MASA
DE HUEVOS MINÚSCULOS
DE LOS QUE NACERÁN
LOS RENACUAJOS.

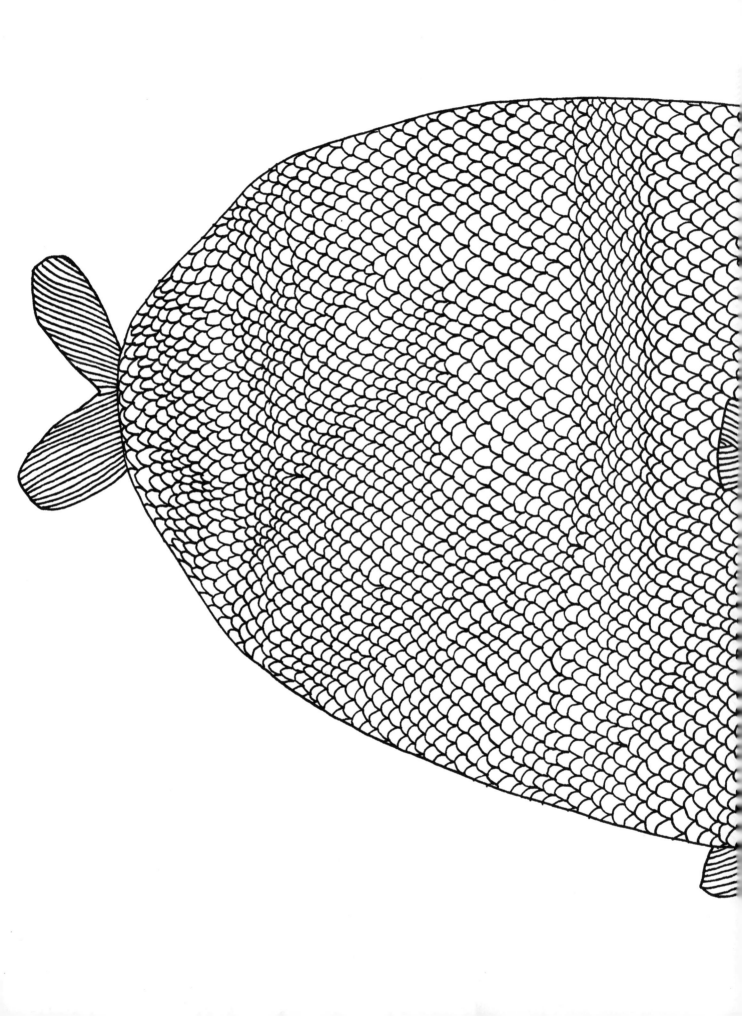

EL PEZ SE COMIÓ LOS HUEVOS.

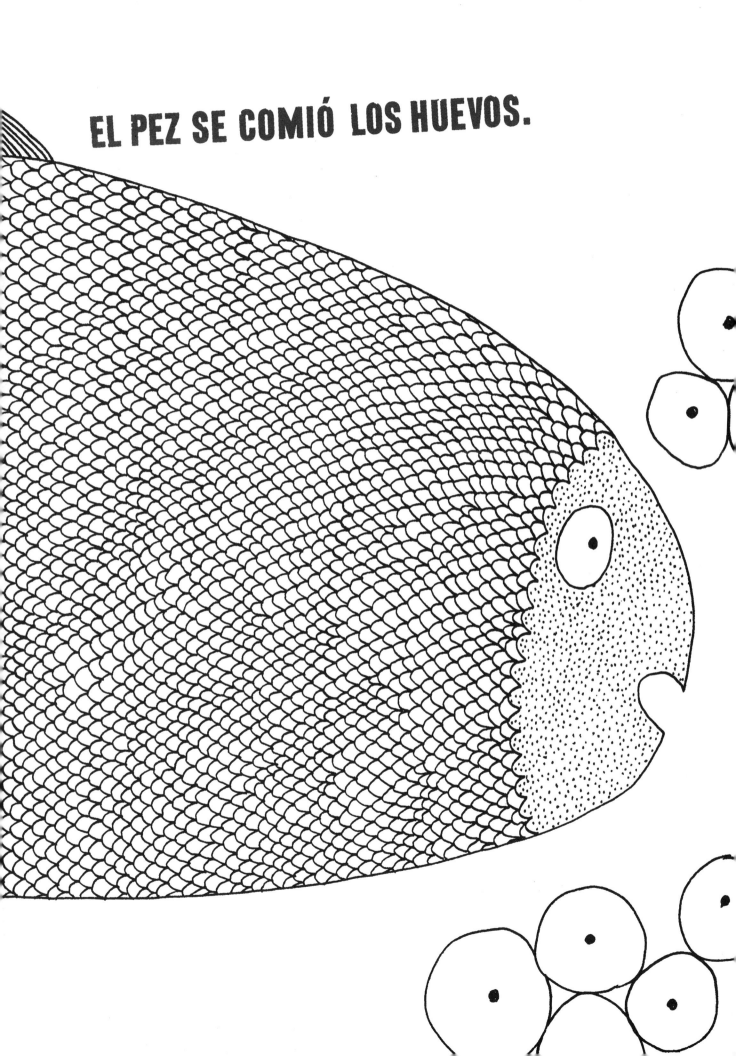

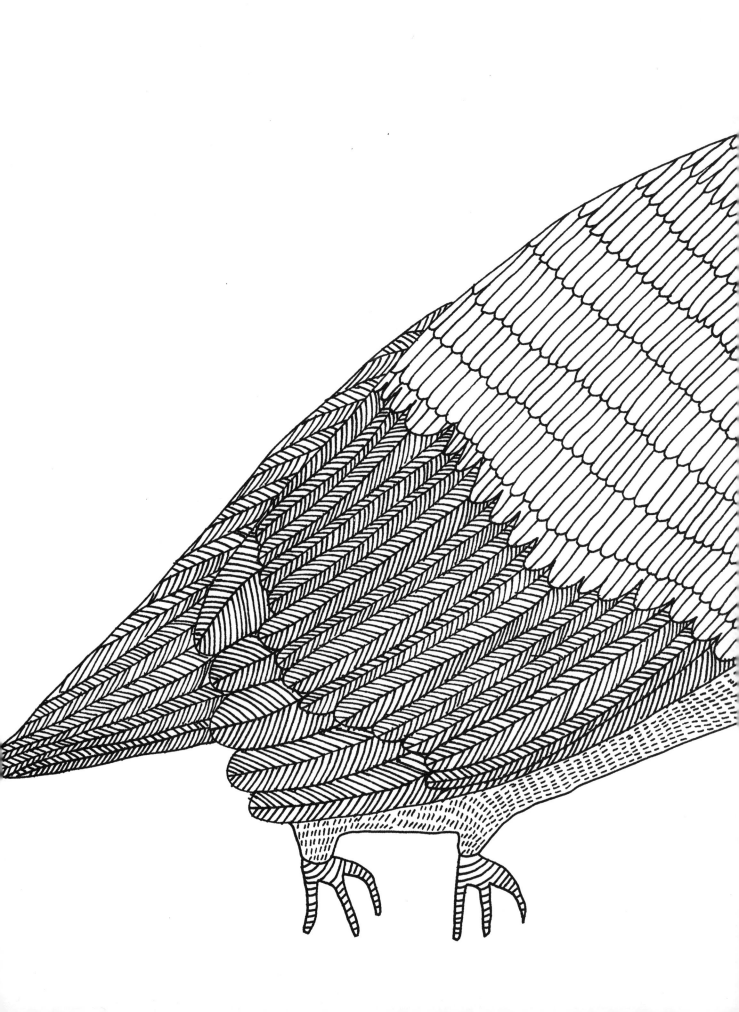

**EL MARTÍN PESCADOR
SE COMIÓ AL PEZ,**

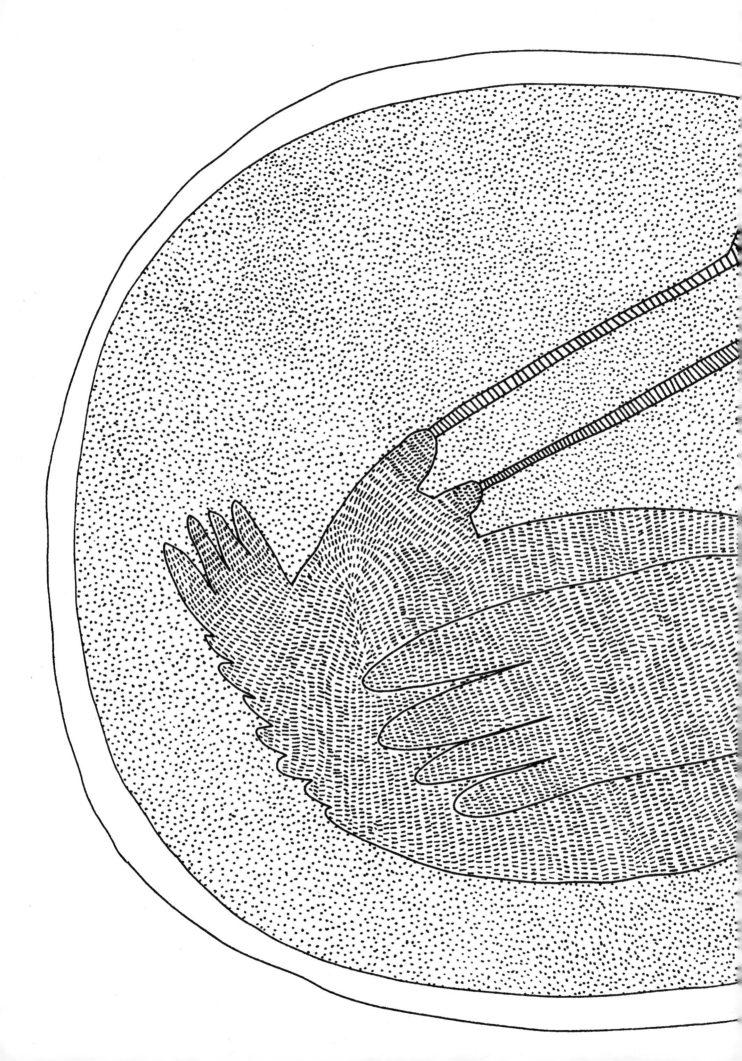

Y DESPUÉS PUSO UN HUEVO...

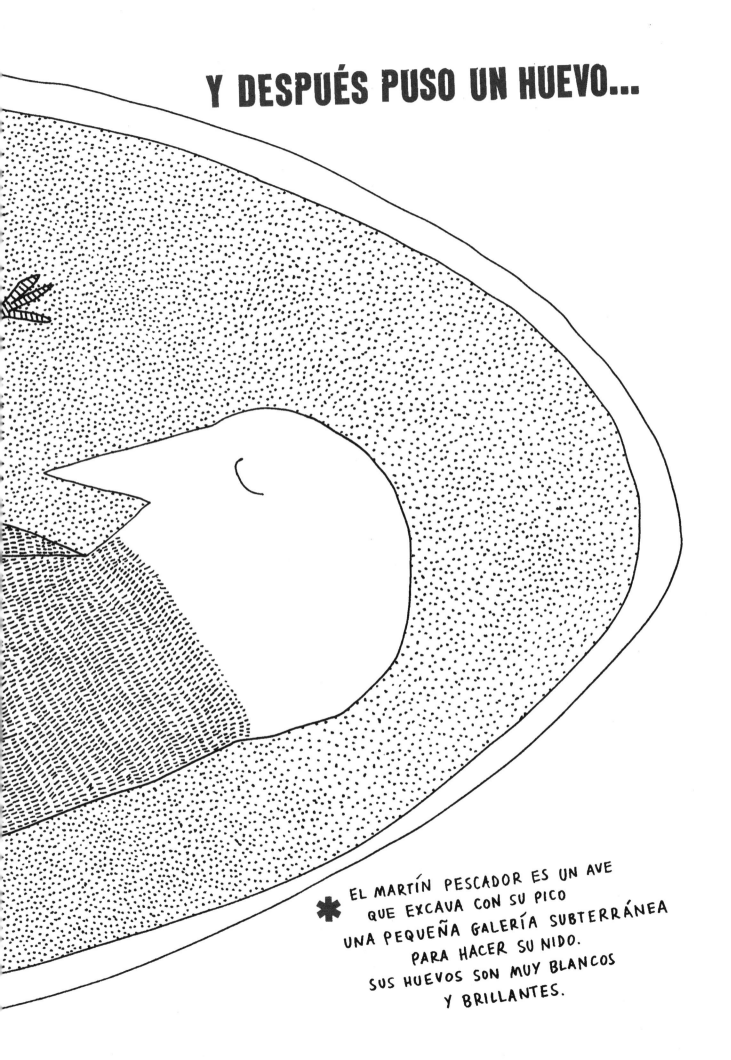

* EL MARTÍN PESCADOR ES UN AVE
QUE EXCAVA CON SU PICO
UNA PEQUEÑA GALERÍA SUBTERRÁNEA
PARA HACER SU NIDO.
SUS HUEVOS SON MUY BLANCOS
Y BRILLANTES.

... QUE SE COMIÓ EL ERIZO.

EL BÚHO REAL CAZÓ AL ERIZO.

* NO HAY MUCHOS ANIMALES CAPACES
DE COMERSE A UN ERIZO.
CADA CIERTO TIEMPO, ESTE TIPO DE AVE
REGURGITA LOS RESTOS DE COMIDA
QUE NO HA PODIDO DIGERIR,
COMO HUESOS, DIENTES, PELO,
PLUMAS Y ¡PÚAS DE ERIZO!

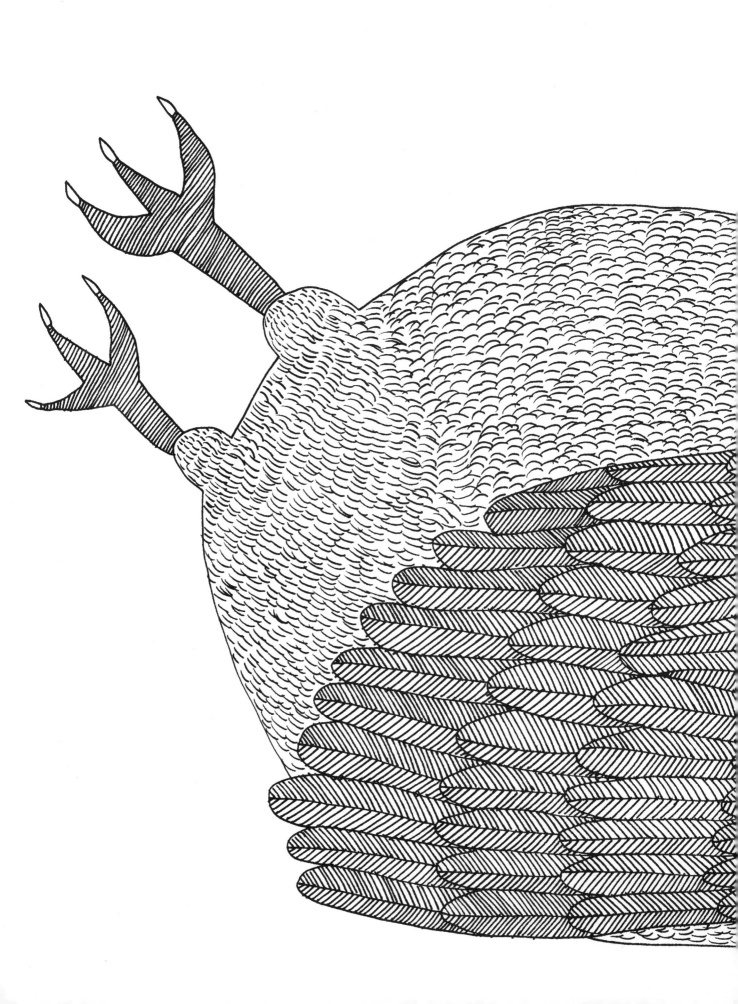

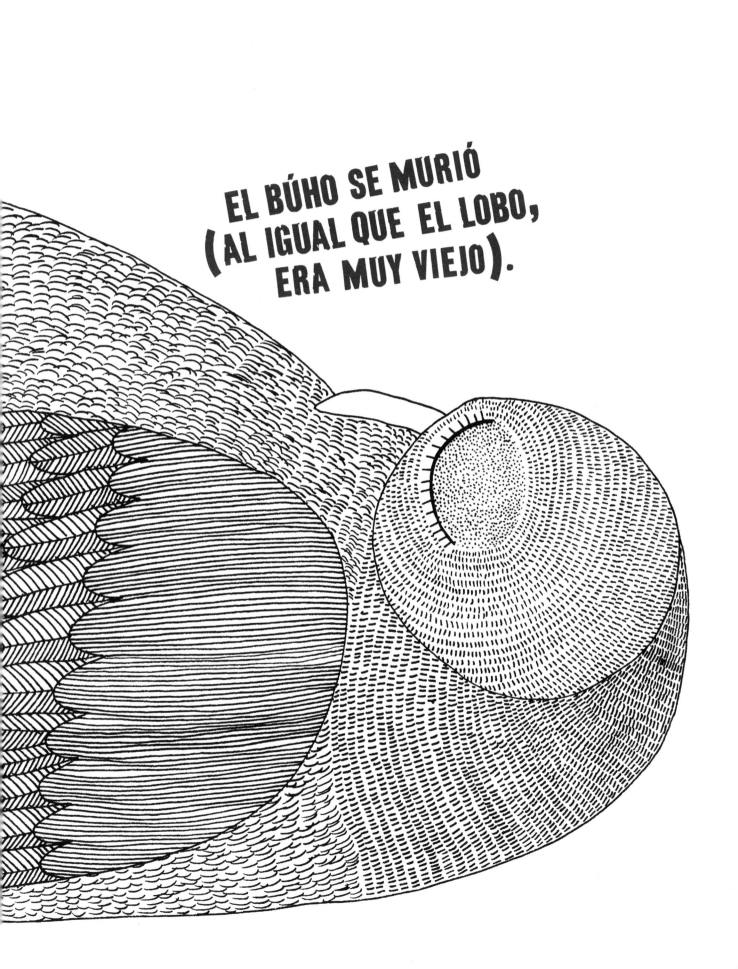

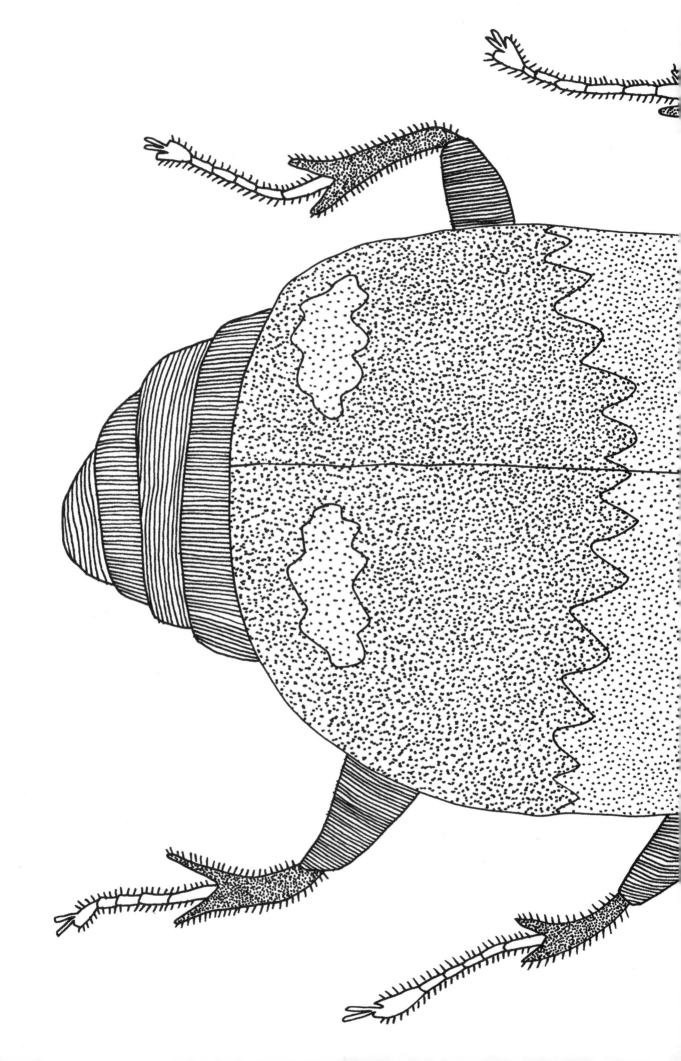

EL ESCARABAJO ENTERRADOR SE COMIÓ AL BÚHO.

* EL ESCARABAJO ENTERRADOR ES UN INSECTO QUE SEPULTA PEDAZOS DE CARROÑA, ASÍ, CUANDO NACEN LAS LARVAS, ESTAS PUEDEN ALIMENTARSE.

EL RATÓN SE COMIÓ AL ESCARABAJO.

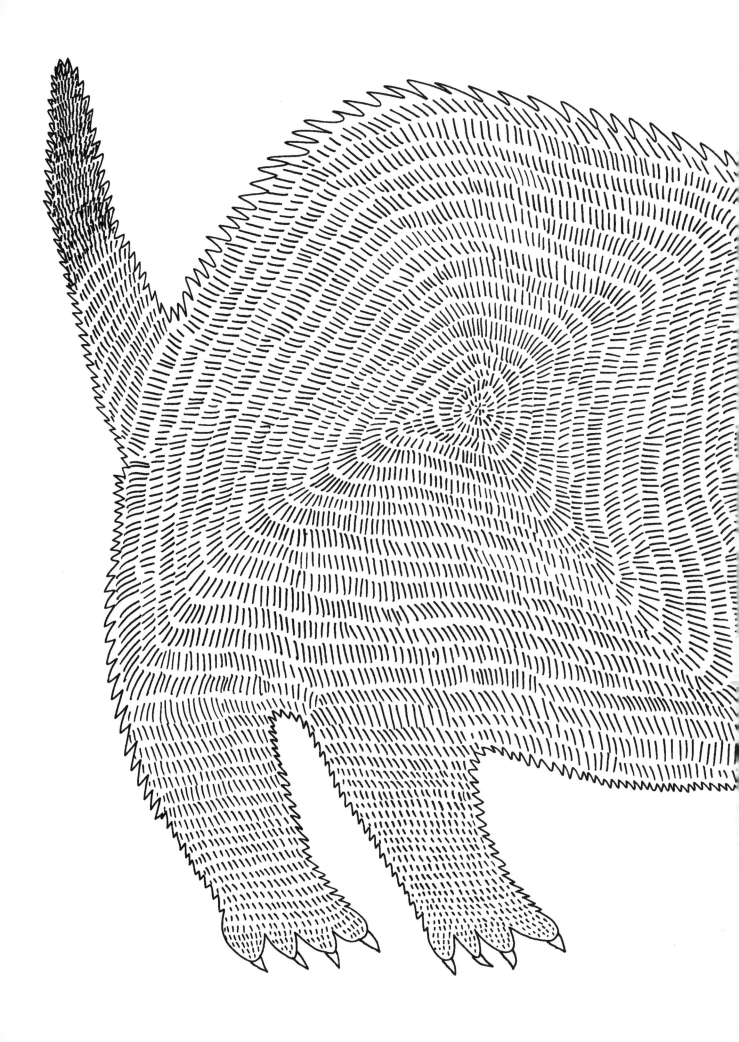

EL LINCE CAZÓ AL RATÓN,

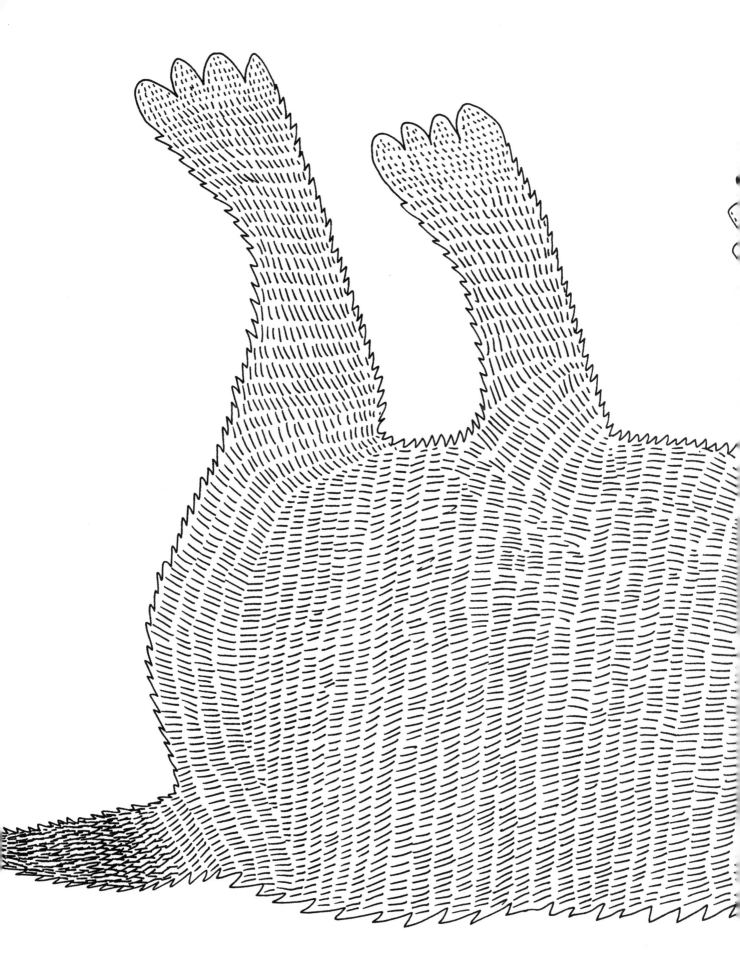

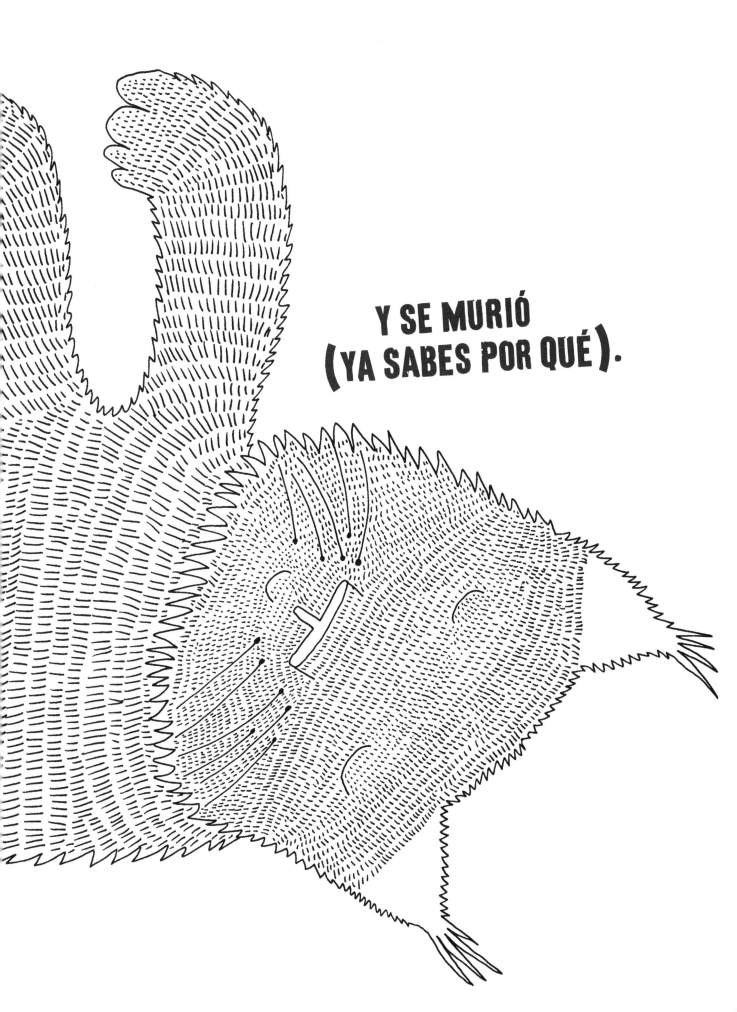

EN ESE LUGAR CRECIÓ LA HIERBA.

✳ LOS CADÁVERES DE LOS ANIMALES,
AL DESCOMPONERSE, FERTILIZAN LA TIERRA
ENRIQUECIÉNDOLA CON MINERALES
IMPRESCINDIBLES PARA
LAS PLANTAS.

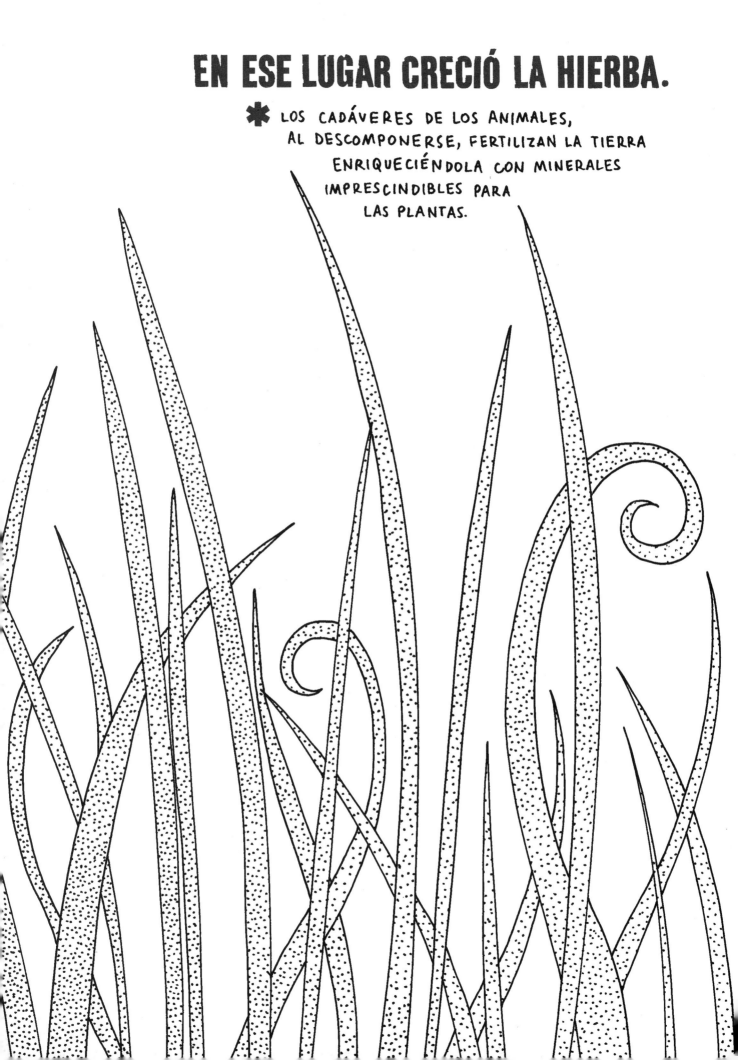

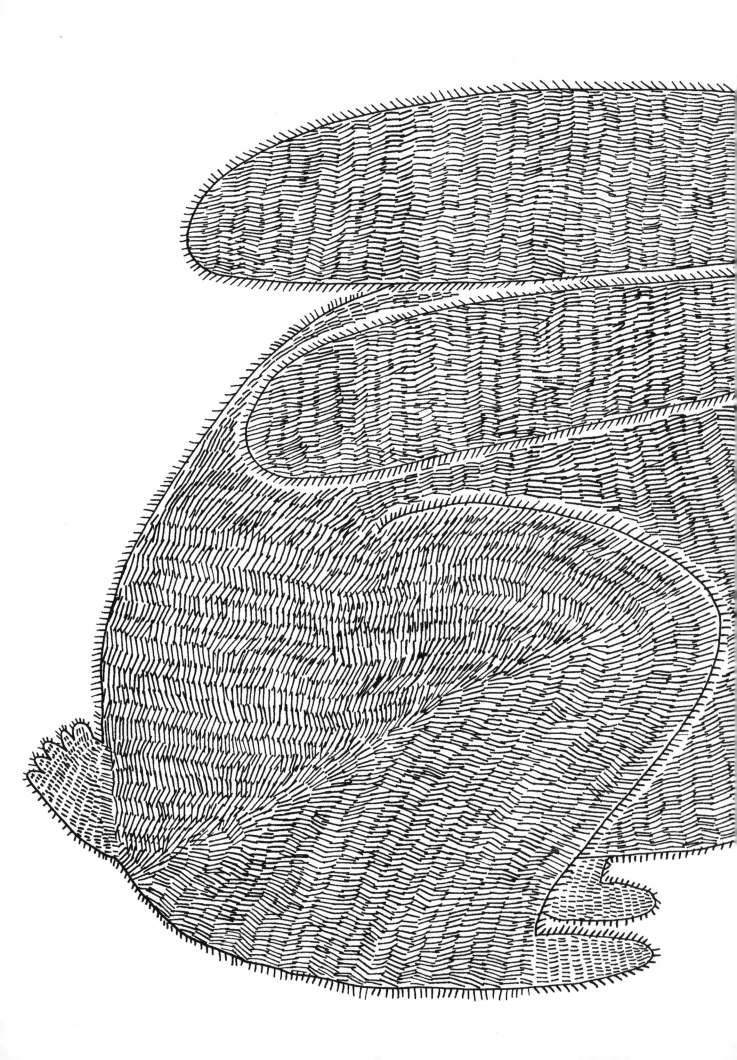

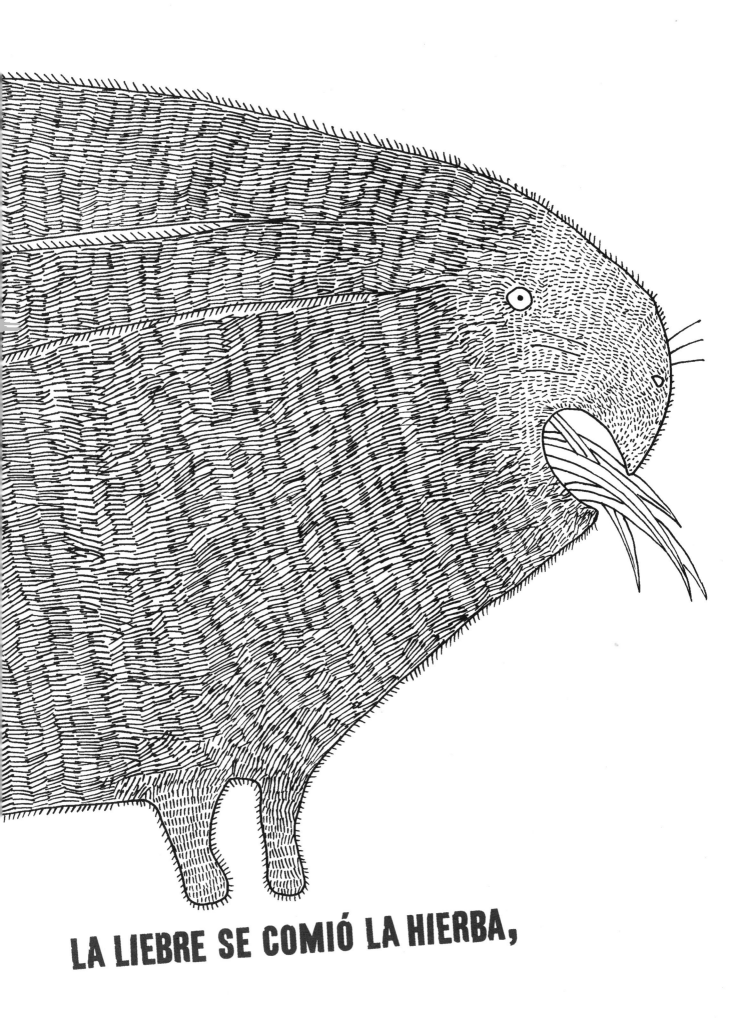

LA LIEBRE SE COMIÓ LA HIERBA,

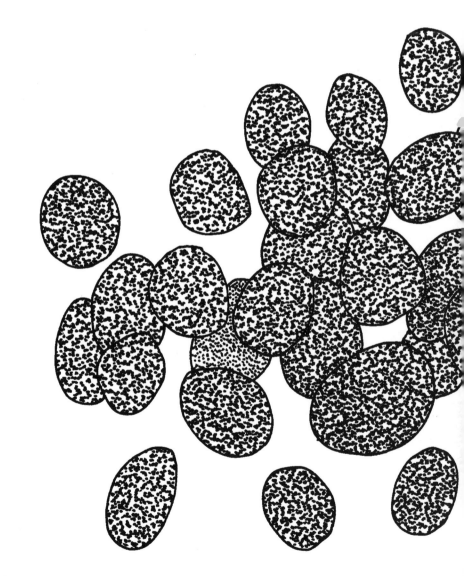

Y LUEGO HIZO CACA.

EL ESCARABAJO PELOTERO HIZO UNA BOLA CON LA CACA DE LA LIEBRE.

✳ EL ESCARABAJO PELOTERO
ES UN INSECTO QUE SE ALIMENTA DE
EXCREMENTOS DE ANIMALES HERBÍVOROS.
TAMBIÉN, PONE SUS HUEVOS
EN PEQUEÑAS BOLAS DE ESTIÉRCOL
QUE ESCONDE DEBAJO
DE LA TIERRA.

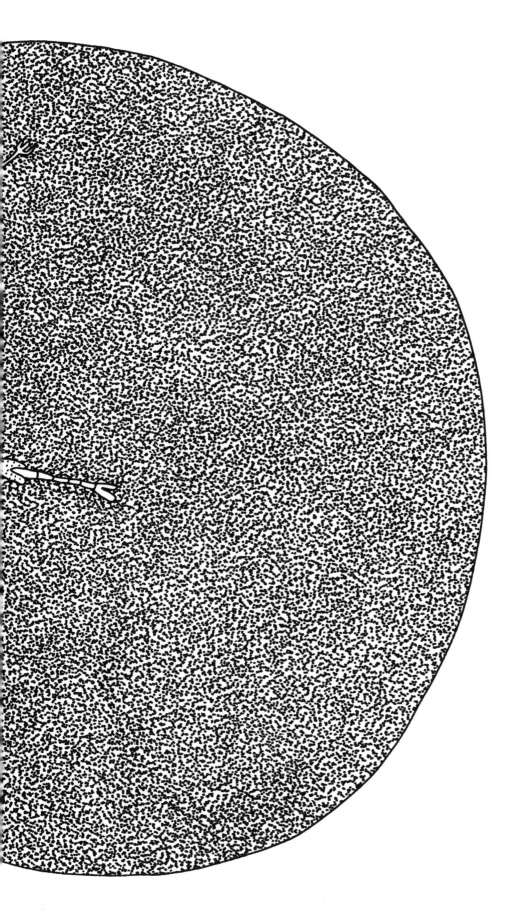

LA MUSARAÑA
SE COMIÓ AL ESCARABAJO.

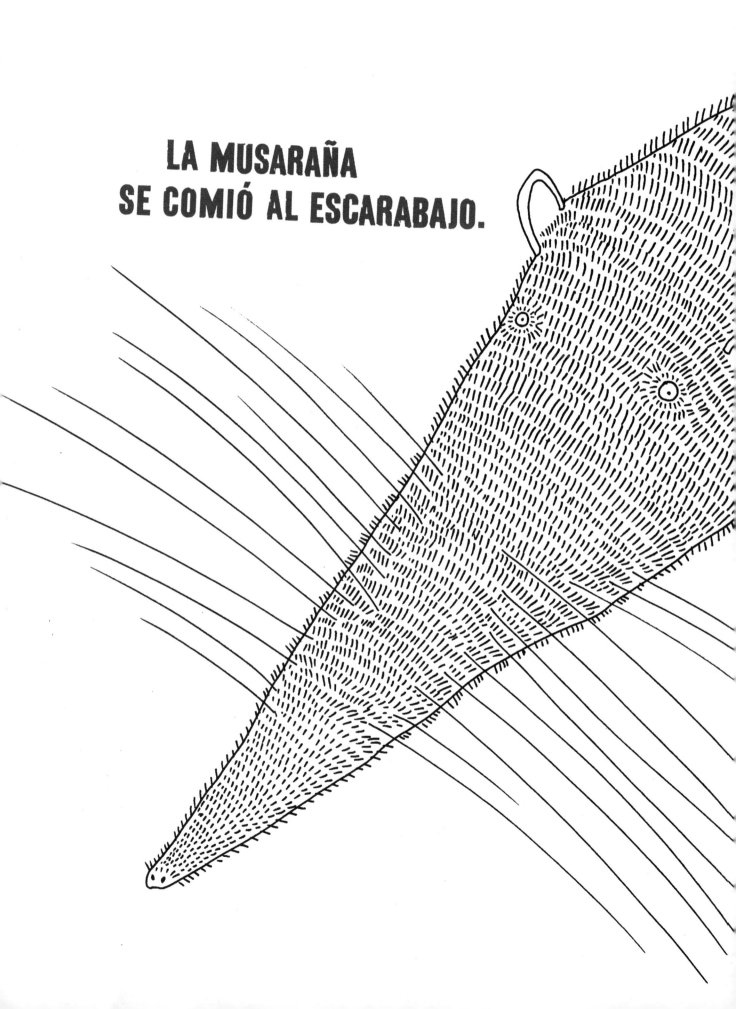

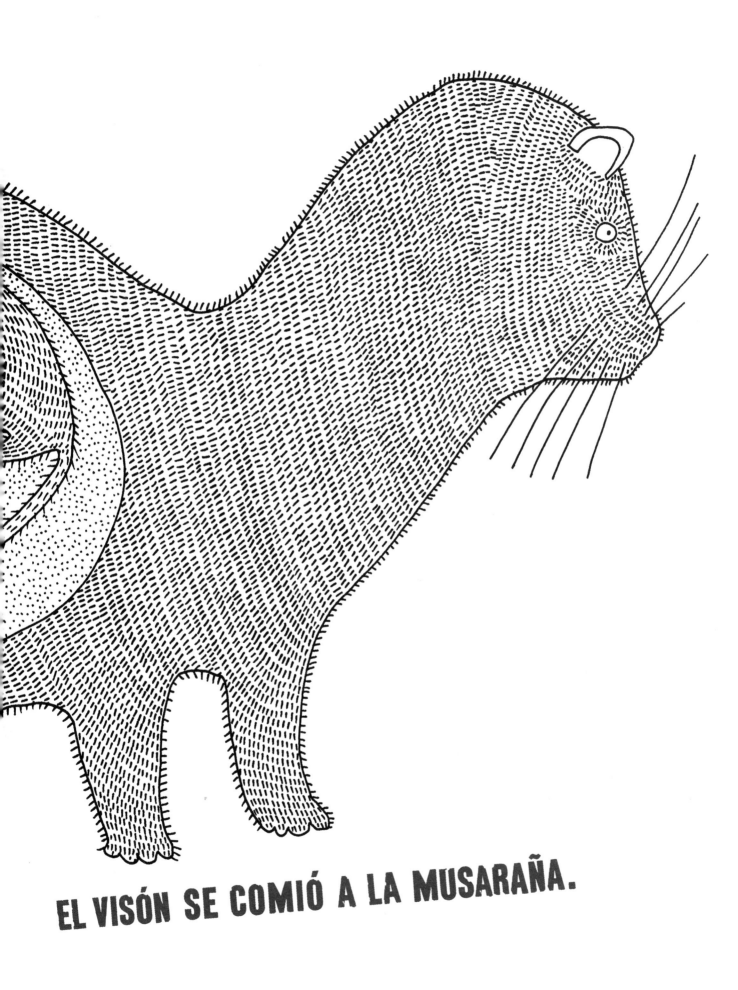

EL VISÓN SE COMIÓ A LA MUSARAÑA.

EL GATO MONTÉS
SE COMIÓ AL VISÓN,

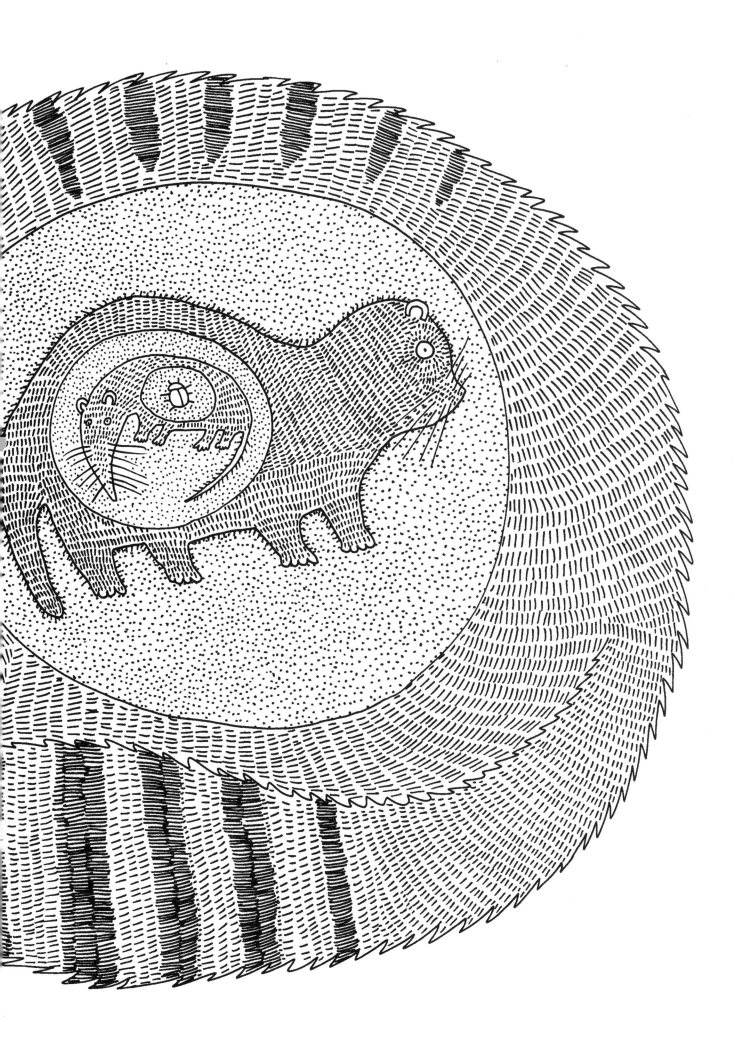

Y MÁS TARDE SE MURIÓ
(SE HABÍA CUMPLIDO
SU CICLO DE VIDA).

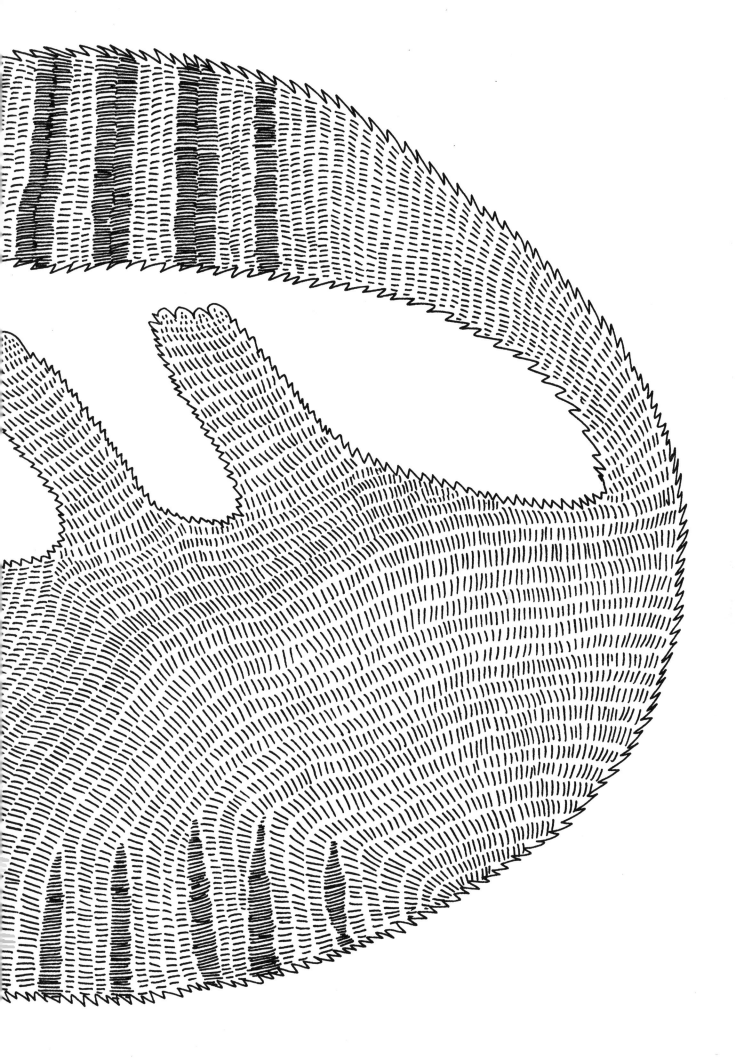

EN ESE LUGAR NACIÓ UNA FLOR...

Título original: *Kto kogo zjada*

© 2010, Aleksandra Mizielińska y Daniel Mizieliński
www.hipopotamstudio.pl
Derechos adquiridos a través de Społeczny Instytut Wydawniczy ZNAK,
Cracovia (Polonia).
© 2010, de la traducción: Alfonso Cazenave

© 2010, de esta edición: Libros del Zorro Rojo
Barcelona - Madrid
www.librosdelzorrorojo.com

Dirección editorial:
Fernando Diego García

Dirección de arte:
Sebastián García Schnetzer

Edición:
Carolina Lesa Brown

Primera edición: septiembre de 2010
ISBN: 978-84-92412-71-6   Depósito legal: B-36148-2010
Impreso en Barcelona
por Llob 3